一日一杯

からだに、心に

はじめに

今のように料理の仕事をするようになってから、
ふだん料理をする人としない人がいることを知る機会が増えました。
私自身は家にいる時間が長いので自炊をするほうですが、
料理をつくる・つくらないが
優劣につながることはないと思って暮らしています。

暮らしのなかの料理は、その人の生活に合ったものであれば充分。
外食しても惣菜を買って食べても、それはそれでよいと考えています。

ただ、そういった生活に少し飽きて料理に興味がわいたかたに
これなら私にもつくれるかもしれないというキッカケになればと思い、
日々いろんなことにがんばっている人の背中をそっと押せるような
料理本になったらいいなと考え、このスープの本が生まれました。

おかずを何品かつくって食卓を整えることはたいへんですが、
一日にたったひとつ、
自分のために一杯の汁ものをつくれたら、それで大丈夫。
料理はがんばらず、マイペースでつくるのがいちばん楽しい。

インスタントのスープのもとを使わず、だしをとる手間もなく、
野菜や肉や魚介など食材がもつ旨みを生かすと、おいしいスープになります。
からだに、心にしみこむような
しみじみおいしい健やかな味わいが生まれます。

一日に一度。一日に一杯。
これさえあれば充分だ──と思えるスープに出会っていただけたなら、
これほどうれしいことはありません。

角田真秀

おいしいスープを
つくるには

この本では、インスタントのスープのもとは使いません。
あらかじめ、だしをとる手間もかけません。
使う調味料は塩やしょうゆなど最低限にとどめ、
食材がもともともつ、あるいは
調理の過程で生まれる「旨み」をスープのなかにとじ込める。
それだけで、おいしくて健やかなスープになるのです。

そのためには、たとえば……

肉や魚介のゆで汁を、そのままだしのかわりにします。

乾物のもどし汁をだしがわりにしたり、セロリの葉を煮て
スープに風味を加えたり。捨ててしまいがちな部分も有効活用します。

昆布はあらかじめだしをとることはせず、
ほかの食材といっしょに煮るだけです。

野菜を炒めたり、肉を焼きつけたりすることで
生まれる味を生かします。

材料をあえて少ない水分で煮て、
旨みをギュッと引き出してから残りの水分を加えます。

油揚げ、ソーセージ、チーズなど、
加えるだけで旨みがとけ出す食材を具にします。

トマトジュースや焼きいもなど、ときには市販品の
ちからを借りることも。味がスムーズに決まります。

水のかわりにハーブティーを使って、味わいに奥行きを出します。

どの方法をとるかはスープによって変わりますが、
共通するのは、がんばらなくてもつくれること。
きっと「こんなにかんたんに、おいしいスープができるなんて」と驚くはずです。
こうしたおいしさのポイントが特によくわかるスープを
〈きほんのスープ〉として、まず2つ紹介します。

きほんのスープ　1

にんじんとセロリのスープ

具材は２つの野菜だけという、潔いスープ。
にんじんの甘みが口のなかにじわりと広がります。

おいしさのポイントの１つめは、野菜の旨み。
野菜を塩と炒めるうちに生まれる旨みを生かします。

２つめは、セロリの葉。
捨ててしまいがちな部分ですが、いっしょに煮ることで
スープに爽やかな風味が加わります。

３つめは、ハーブティー。
水だけでも充分おいしいですが、
半量をハーブティーにすることで
控えめながらもさらに奥行きのある味わいが生まれます。

野菜とハーブティーが生み出す
シンプルな、でも奥行きのある味

にんじんとセロリのスープ

●材料（2〜3人分）
にんじん… 1/2本（約100ｇ）
セロリ… 1本
しょうが（すりおろし）… 1/4かけ
オリーブオイル… 大さじ1
塩… 小さじ1
ハーブティーのティーバッグ
　（ジンジャー＆レモングラスティー）*… 1個

* ジンジャー＆レモングラスティーを使いましたが、ジン
ジャー系ならなんでもOK。水だけでも充分おいしいです
が、入れるとさらにおいしくなります。ハーブティーがな
いときは、湯200㎖を入れてください。

●作り方
1　湯200㎖にティーバッグを入れ、表示の分
　　数おいてハーブティーをつくる。にんじん
　　は皮をむいて小さめの乱切りにする。セロ
　　リは葉と茎に切り分け、茎は筋をとって薄
　　切りにする。葉は適当な大きさにちぎる。
2　鍋にオリーブオイルを中火で熱し、にんじ
　　んとセロリの茎を入れて分量の塩のうち
　　少々を振り、2〜3分炒める。セロリの葉
　　と水300㎖を加える。
3　沸騰したら弱めの中火にして、ハーブ
　　ティーを加える。5分煮てセロリの葉をと
　　り出し、残りの塩、しょうがを加えてさっ
　　と煮る。

即席塩豚と
切り干し大根のスープ

主役は豚肉と切り干し大根。
あっさりした、でも深い味わいのスープです。

おいしさのポイントの１つめは、塩豚。
薄切り肉に塩をなじませる「即席」バージョンですが、
スープにしっかり旨みがとけ出します。
酒ももみこむことで、くさみがとれるだけでなく
旨みも増すように思います。

ポイントの２つめは、切り干し大根のもどし汁。
旨みがぎゅっと詰まっているので、捨てるなんてもったいない。
ただ、たくさん使うとえぐみが出るので、
加えるのは少量にとどめます。

豚肉と切り干し大根の旨みが
重なり合って、いっそうおいしく

即席塩豚と
切り干し大根のスープ

●材料（2～3人分）
豚バラ薄切り肉… 120ｇ
切り干し大根… ひとつかみ（約20ｇ）
キャベツ… 60ｇ
昆布… 3cm四方
しょうが（すりおろし）… 1かけ
塩… 小さじ1強
酒… 大さじ1/2

●作り方
1　鍋に水400㎖を入れ、昆布の表面をふいて
　　加える。切り干し大根はさっと洗ってボウ
　　ルに入れ、たっぷりの水を加えてもどす。
2　豚肉に塩を振ってなじませる。4～5cm幅
　　に切って別のボウルに入れ、酒を加えても
　　む。
3　切り干し大根はざるに上げて水けをきり、
　　食べやすく切る。もどし汁は100㎖をとり
　　おく。キャベツは3cm四方に切る。
4　1の鍋を火にかけて切り干し大根を入れる。
　　煮立ったら弱火にして、3のもどし汁、キャ
　　ベツ、豚肉を加え、アクをとりながら5分
　　煮る。しょうがを加えてさっと煮る。

目　次

第 1 章
—
毎 日 の ス ー プ

肉で

肉加工品で

【 Column 1 】
毎日のスープをアレンジする

第 2 章

ごちそうスープ

第 3 章

かんたんポタージュ

【 Column 2 】
わが家の定番鍋

◆小さじ 1 ＝ 5mℓ、大さじ 1 ＝ 15mℓです。
◆鍋は直径 20 〜 22cmのものを使用しています。
◆野菜の皮は、特に指定がない場合はむいてもむかなくてもかまいません。
　むかずに使うときはよく洗いましょう。

第 1 章

——

毎 日 の ス ー プ

くたくたに疲れて帰ってきた一日の終わり。
なにもやる気が起きない昼下がり。
心やからだがどんなコンディションのときだって
いつでもかんたんにつくれて確実においしい、
毎日に寄り添うスープを紹介します。
器に盛ってごはんかパンを添えるだけで、
大満足の一食になります。

肉で

トマトのほのかな酸味と、さらりとした口あたり

鶏肉のトマトクリームスープ

●材料（2〜3人分）
鶏むね肉… 1枚（約300g）
トマト… 1個
トマトジュース（食塩無添加）… 1缶（190g）
玉ねぎ… 1個
塩… 適量
粗びき黒こしょう… 適量
小麦粉… 適量
オリーブオイル、白ワイン… 各大さじ1
生クリーム… 60ml

●作り方
1　鶏肉はひと口大よりやや大きめに切り、塩
　　3つまみ、こしょう少々を振り、小麦粉を
　　まぶす。玉ねぎは1cm厚さのくし形切りに、
　　トマトは大きめのひと口大に切る。
2　**鍋にオリーブオイルを中火で熱して鶏肉を**
　　炒め、色が変わったら玉ねぎを加えて炒め
　　る。玉ねぎがしんなりとしてきたら、トマ
　　トを加えてざっくり混ぜ、白ワインを加え
　　てさっと炒める。
3　水300ml、**トマトジュースを加えて5分煮**
　　る。生クリーム、塩小さじ1を加えて混ぜ
　　る。器に盛り、こしょう少々を振る。

鶏肉、玉ねぎ、トマトを炒めることで、旨みが増します。

市販品のトマトジュースを活用すれば、味が決まりやすい。

塩味ベースのあっさりスープ。
油揚げは炒めて香ばしく

鶏もも、油揚げ、チンゲンサイのスープ

●材料（2～3人分）
鶏もも肉… 1枚（約300g）
油揚げ… 2枚
チンゲンサイ… 小1個
ごま油… 大さじ1
塩… 適量

●作り方
1　鶏もも肉はひと口大に切り、塩3つまみを
　　よくもみ込む。油揚げは熱湯をかけて油抜
　　きし、短い辺を半分に切ってから2cm幅に、
　　チンゲンサイは葉と軸に切り分け、軸は四
　　つ割りに、葉は4cm長さに切る。
2　鍋にごま油を中火で熱し、**鶏肉を炒める。**
　　肉の色が変わったら、油揚げも加えて炒め
　　る。 水500mℓを加えて3分煮る。
3　チンゲンサイを加えてひと煮立ちさせ、塩
　　小さじ1を加えて仕上げる。

旨みのもとは
鶏肉と油揚げ。
炒めることで
おいしさアップ。

カレーの風味は残しつつ辛さを抑えたマイルド味

手羽元と野菜のカレースープ

●材料（2〜3人分）
鶏手羽元… 4本
じゃがいも… 1個
ピーマン… 2個
にんじん… 1本
玉ねぎ… 1/2個
にんにく… 1かけ
オリーブオイル、
　トマトケチャップ、しょうゆ
　… 各大さじ1
カレー粉… 小さじ2
塩… 4つまみ
小麦粉… 適量
昆布… 3cm四方

手羽元を炒めることで旨みが増します。

●作り方
1 手羽元は骨に沿って切り込みを入れ、塩をもみ込む。じゃがいもは大きめのひと口大に切り、ピーマンは大きめの乱切り、にんじんは乱切り、玉ねぎは1cm厚さのくし形切りにする。にんにくは包丁の腹でつぶす。

2 鍋ににんにく、オリーブオイルを入れて弱火にかける。香りが立ったらカレー粉を加え、カレー粉の香りが立つまでよく炒める。**手羽元に小麦粉をまぶしながら加え、中火にして炒め**、油が回ったら玉ねぎを加えてさっと炒める。

3 昆布、水400mlを加えて3〜4分煮る。じゃがいも、ピーマン、にんじん、ケチャップを加え、さらに10分煮る。しょうゆを加えて混ぜる。

とうがんの繊細な味が鶏肉とよく合う

手羽中と
とうがんの塩スープ

●材料（2〜3人分）
鶏手羽中… 4本
とうがん… 1/4個
しょうが（すりおろし）… 1かけ
ごま油… 大さじ1
酒、みりん… 各大さじ2
塩… 適量
かたくり粉… 大さじ1

●作り方
1　手羽中は骨に沿って切り込みを入れ、
　　塩4つまみをもみ込む。とうがんは
　　皮をむき、食べやすい大きさに切る。
2　鍋にごま油を中火で熱し、**手羽中を**
　　焼きつける。焼き色がついたら水
　　600㎖を加え、煮立ったら弱めの中
　　火にしてとうがん、酒、みりんを加
　　える。アクをとりながら15分煮る。
3　かたくり粉を水大さじ1でといて水
　　ときかたくり粉をつくる。2に塩小
　　さじ1を加えて混ぜ、水ときかたく
　　り粉を加えてとろみをつける。器に
　　盛り、しょうがをのせる。

はじめに焼きつけることで、
手羽中がさらにおいしく。

ごま油+いりごまの香りがふわりと広がる

牛肉と切り干し大根のスープ

●材料（2〜3人分）
牛切り落とし肉… 200g
切り干し大根… 20g
きくらげ（生）… 40g
塩… 2つまみ
粗びき黒こしょう… 少々
もやし… 60g
しょうゆ… 大さじ1
ごま油… 適量
しょうが（せん切り）… 適量
いり白ごま… 適量

切り干し大根のもどし汁を
だしがわりにして、味わい深く。

●作り方

1　切り干し大根はさっと洗い、水200mℓにひたしてもどし、食べやすく切る。もどし汁はとりおく。きくらげともやしはさっと洗ってざるに上げ、きくらげは食べやすく切る。牛肉に塩、こしょうをまぶす。

2　鍋に水300mℓ、切り干し大根、**もどし汁全量を入れて**火にかけ、煮立ったら弱火にしてきくらげ、もやし、牛肉を加える。

3　肉の色が変わったらアクをとり、しょうゆを加え混ぜる。器に盛ってごま油をかけ、しょうがをのせてごまを振る。

薄切りもちを入れてもおいしい。

ほどよいすっぱさで食べやすい

サンラータン
酸辣湯

●材料（2〜3人分）
豚こまぎれ肉… 200g
豆腐… 1/2 丁
干ししいたけ… 2個
たけのこ（水煮）… 80g
酒… 大さじ2
A ┌ しょうゆ… 大さじ3と1/2
  └ 酢… 大さじ4と1/2
かたくり粉… 大さじ1
とき卵… 2個分
ごま油… 小さじ2
ねぎ（小口切り）… 1/4 本

干ししいたけの
もどし汁に含まれる
旨みを生かします。

●作り方
1　干ししいたけはたっぷりの水でもどし、石
　　づきをとって薄切りにする。**もどし汁はと**
　　りおく。豆腐は1.5cm角に、たけのこはひ
　　と口大に切る。豚肉は4cm幅に切る。
2　鍋に水500mℓと酒を入れて火にかけ、煮立っ
　　たら豚肉、しいたけ、もどし汁100mℓ、豆腐、
　　たけのこを加えて弱めの中火で5〜6分煮
　　る。
3　かたくり粉を水大さじ2でといて水ときか
　　たくり粉をつくる。2にAを加えて混ぜ、水
　　ときかたくり粉を加えてとろみをつける。
　　とき卵を加えてひと混ぜし、ごま油、ねぎ
　　を加える。好みでラー油を加えても。

豆苗のシャキシャキ食感が食欲をそそる

豚肉、豆苗、豆腐の梅スープ

塩をまぶした
「即席塩豚」から
スープに旨みが
とけ出します。

●材料（2〜3人分）
豚バラ薄切り肉（しゃぶしゃぶ用）… 120g
豆苗… 1/2 パック
絹ごし豆腐… 1/2 丁
梅干し… 1 個
昆布… 3 cm四方
酒… 大さじ1
塩… 適量

●作り方
1　豆苗は根元を切り落として半分の長さに切り、豆腐は2 cm角に切る。**豚肉は6 cm幅に切り、塩2つまみと酒をまぶす。**
2　鍋に水500mlと昆布を入れて火にかける。沸騰する直前に弱めの中火にして1の豚肉を入れ、肉の色が変わったら豆腐、豆苗を加え、梅干しをちぎって加える。
3　軽くあたため、塩小さじ1/2 〜 1（好みで調整）で味をととのえる。

白いごはんがすすむしっかり味

クイック豚汁

材料を炒めて生まれた旨みを少なめの水で煮て引き出し、さらに水を加えて全体に広げます。

●材料（2〜3人分）
豚こまぎれ肉… 100ｇ
大根… 5㎝
にんじん… 小 1/4 本
ごぼう… 1/4 本
こんにゃく… 200ｇ
ごま油… 小さじ2
しょうゆ… 大さじ1
みそ… 大さじ1
ねぎ（小口切り）… 1/3 本

●作り方
1 大根、にんじんは7〜8㎜厚さのいちょう切りに、ごぼうはささがきにする。こんにゃくは手でちぎる。豚肉は大きければひと口大に切る。
2 鍋にごま油を中火で熱して豚肉を炒め、色が変わったらしょうゆを加える。こんにゃく、にんじん、ごぼうを加えてさらに炒め、全体に油が回ったら大根を加えてさっと炒める。
3 **水300㎖を加えて火を強め、煮立ったら弱火にして5分煮る。水200㎖を加えてあため**、みそをとき入れる。器に盛り、ねぎを散らす。

シンプルな塩味のスープに、にらを加えて香りよく

肉だんごとにらのスープ

●材料（2〜3人分）
〈肉だんごの材料〉
鶏ももひき肉… 250g
ねぎ（みじん切り）… 1/2本
しめじ… 30g
粉チーズ… 大さじ1
冷やごはん… 大さじ2
塩… 小さじ1/2
にら… 1/2束
酒… 大さじ1
塩… 小さじ1

●作り方
1　しめじは石づきを除いてみじん切りにし、にらは5mm幅に切る。ボウルに肉だんごの材料を入れ、粘りが出るまでよく混ぜる。
2　鍋に水600mℓを入れて火にかけ、沸騰したら中火にして1の**肉だねをスプーンですくって入れる**。浮いてきたら、酒、塩、にらを加え、さっと火を通す。

肉だんごの
ゆで汁が、スープを
いい味わいに。

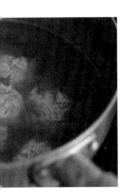

肉だんごと白菜のミルクスープ

●材料（2〜3人分）
〈肉だんごの材料〉
　合いびき肉… 250g
　玉ねぎ（みじん切り）… 1/4 個
　粉チーズ… 大さじ1
　冷やごはん… 大さじ2
　塩… 小さじ 1/2
白菜… 4枚（約200g）
牛乳… 200㎖
白ワイン… 大さじ1
みそ… 大さじ2
バター… 10g

●作り方
1　白菜は5㎝四方に切る。ボウルに肉だんごの材料を入れ、粘りが出るまでよく混ぜる。
2　鍋に水400㎖と白ワインを入れて火にかけ、沸騰したら中火にして**肉だねをスプーンですくって入れる。火が通って浮いてきたら牛乳、みそ、白菜を加え、さっと煮る。バターを加えて**とかす。

肉だんごのゆで汁、みそ、バターが旨みのもと。

野菜と豆の甘みをギュッと凝縮

ミネストローネ

●材料（2〜3人分）
ソーセージ（1本約40gのもの）… 3本
セロリ… 1/3本
玉ねぎ… 1/4個
蒸し大豆（市販品）… 50g
トマトジュース（食塩無添加）
　… 2缶（1缶190g）
オリーブオイル… 小さじ2
みそ… 大さじ1弱

●作り方
1　ソーセージは1cm厚さに切る。セロリは筋をとって1cm角に、玉ねぎは1cm角に切る。
2　鍋にオリーブオイルを中火で熱し、1を炒める。全体に油が回ったら**水210mlと大豆を加え、ふたをして5分煮る。**
3　**トマトジュースを加えてあたためる。**スープをおたまで適量すくい、みそをといて加える。

炒めてから少量の水で蒸し煮にすることで、旨みを引き出します。

トマトジュースを加えることで、味が決まりやすくなります。

洋×和の食材コンビが新鮮

ソーセージと大根のトマトスープ

●材料（2〜3人分）
ソーセージ（1本約40gのもの）… 4本
大根… 6cm
トマトジュース（食塩無添加）… 1缶（190g）
オリーブオイル… 大さじ1
みそ… 大さじ2

●作り方

1　大根は皮をむいて1cm厚さのいちょう切り
　　にする。ソーセージは斜め3等分に切る。

2　鍋にオリーブオイルを中火で熱し、**ソーセー
　　ジを入れて転がしながら焼く。大根を加え、
　　軽く焼き色がつくまで焼く。**

3　水210mlを加えて火を強め、煮立ったら弱
　　火にして5分煮る。**トマトジュースを加え
　　てあたため、みそをとかし入れる。**器に盛り、
　　好みで粉チーズを振って食べても。

ソーセージと
大根を軽く焼いて
旨みを加えます。

トマトジュースを
活用すれば味が
決まりやすくなります。
みそで酸味をやわらげて。

スパイシーなカレー味を
チーズでまろやかに

ベーコンときのこの
カレースープ

●材料（2〜3人分）
ベーコン（ブロック）… 150g
しめじ… 1/2 パック（約50g）
エリンギ… 1本
マッシュルーム… 3個
玉ねぎ… 1/2 個
にんにく… 1/2 かけ
カレー粉… 小さじ1
牛乳… 300㎖
カマンベール… 1/4 個
塩… 3つまみ
オリーブオイル… 大さじ1
粗びき黒こしょう… 適量

●作り方
1　しめじは石づきを除いてほぐし、エ
　　リンギは縦に薄切りにして長さを半
　　分に切り、マッシュルームは薄切り
　　にする。玉ねぎは1㎝厚さのくし形
　　切りにし、にんにくは包丁の腹でつ
　　ぶす。ベーコンは1㎝四方の棒状に
　　切る。
2　ボウルにしめじ、エリンギ、マッシュ
　　ルームを入れ、塩を振って軽くもむ。
3　鍋にオリーブオイル、にんにくを入
　　れて弱火にかけ、香りが立ったら
　　ベーコン、玉ねぎを加えて弱めの中
　　火で炒める。玉ねぎがしんなりとし
　　たらカレー粉を加えて炒め、カレー
　　粉の香りが立ったら2を加える。**き
　　のこがしんなりとしたら水100㎖を
　　加えてふたをし、中火で1〜2分蒸
　　し煮にする。**
4　牛乳を加えてあたため、**カマンベー
　　ルをちぎって加える。**器に盛り、こ
　　しょうを振る。

ベーコン、玉ねぎ、
きのこの旨みを、
少量の水で蒸し煮にして
引き出します。

チーズの旨みを
とかし入れます。

大ぶりに切った野菜の甘みを詰め込んで

ベーコンとキャベツのスープ

●材料（2〜3人分）
ベーコン（ブロック）… 150g
キャベツ… 小1/4個（約200g）
じゃがいも… 1個
にんじん… 1本
玉ねぎ… 1個
白ワイン… 大さじ2
しょうが（薄切り）… 1/2かけ
ローリエ… 1枚
オリーブオイル… 大さじ1
塩… 小さじ1

ベーコンと野菜の旨みを少量の水で蒸し煮にして引き出します。

●作り方

1　じゃがいもはよく洗って、皮つきのままひと口大に切り、10分水にさらす。にんじんはよく洗って、皮つきのまま大きめの乱切りにする。玉ねぎは6等分のくし形切りにする。キャベツは縦に2等分に切る。ベーコンはひと口大に切る。

2　鍋にベーコンを入れて弱めの中火にかけ、炒める。脂が出てきたらオリーブオイル、にんじん、玉ねぎを加えて塩を振り、ふたをして2分ほど煮る。玉ねぎがしんなりとしたら白ワインを回しかけ、キャベツとじゃがいもを加えてふたをし、5分ほど煮る。

3　**キャベツがしんなりとしたら水100mlを加えてふたをし、5分煮る。**水400mlとしょうが、ローリエを加え、10分煮る。

ズッキーニのかわりにきゅうりやトマトでも

サラミとズッキーニのスープ

●材料（2〜3人分）
サラミ（スライス）… 40g
ズッキーニ… 1/2本
セロリ… 1/4本
白ワイン… 大さじ2
塩… 小さじ1/2
ごま油… 小さじ2

●作り方

1　ズッキーニは薄切りにする。塩少々（分量外）を振って軽くもみ、さっと洗ってざるに上げる。セロリは筋をとって斜め薄切りにする。

2　鍋にごま油を弱めの中火で熱し、セロリを入れて軽く炒める。水400mlと白ワインを加え、煮立ったら弱火にする。**サラミとズッキーニを加えてさっと煮**、塩を加えて仕上げる。

サラミの旨みを煮出します。

しょうゆ味だけど「和」すぎない。
はちみつがまろやかさの秘密

たら、切り干し大根、わかめのスープ

●材料（2〜3人分）
甘塩たら… 2切れ
切り干し大根… 10g
わかめ（乾燥）… 2g
酒… 大さじ2
しょうゆ… 小さじ2
はちみつ、ごま油… 各少々
しょうが（せん切り）… 1/2かけ

●作り方
1　切り干し大根はさっと洗ってたっぷりの水
　　にひたしてもどし、食べやすい長さに切る。
　　もどし汁は50mlをとりおく。たらはひと
　　口大に切る。
2　鍋に水200mlと酒を入れて火にかける。煮
　　立ったら中火にして、たら、**切り干し大根、**
　　もどし汁、わかめを入れ、3分煮る。
3　しょうゆ、はちみつ、ごま油を加えて混ぜ
　　る。器に盛り、しょうがをのせる。

切り干し大根は、もどし汁も旨みのもとになります。

カキのおいしさが詰まったミルクスープ

カキとじゃがいものチャウダー

●材料（2人分）
カキ… 4個
じゃがいも… 小2個
玉ねぎ… 1/4個
オリーブオイル、米粉
　　… 各大さじ1
白ワイン… 大さじ3
牛乳… 300mℓ
塩… 小さじ1

じゃがいもと玉ねぎを
少量の水で蒸し煮にして、
旨みを引き出します。

●作り方
1　カキはボウルに入れて塩水で洗い、水を3〜4回かえてさらに洗い、ざるに上げる。じゃがいもは1cm角に、玉ねぎは2cm四方に切る。
2　鍋にオリーブオイルを熱し、**カキを強めの中火で焼く**。焼き色がついたら白ワインを加え、ふたをして1〜2分蒸し焼きにする。
3　カキをとり出し、**同じ鍋に水200mℓ、じゃがいも、玉ねぎを入れ、ふたをして中火で6〜7分煮る**。
4　じゃがいもに火が通ったら、カキに米粉をまぶして鍋に戻す。牛乳を加えて1〜2分あたため、塩を加えて混ぜる。

カキに米粉をまぶし、
スープに戻すことで
とろみをつけます。

カキは焼くことで旨みを閉じ込めます。

スープを含んだ大根がおいしい

ムール貝と大根のスープ

●材料（2〜3人分）
ムール貝（冷凍）… 8個
大根… 5cm
白ワイン… 大さじ2
にんにく… 1/2かけ
塩… 小さじ1
粗びき黒こしょう… 適量
香菜の葉… 適量

貝の旨みを
スープのベースに
します。

●作り方
1　大根は5mm厚さのいちょう切りにする。にんにくは包丁の腹でつぶす。
2　鍋に凍ったままのムール貝、大根、白ワイン、にんにくを入れてふたをし、弱めの中火にかける。**貝の口があいたらふたをとり、水500mlを加えて中火で煮る**。大根が透き通ってきたら、塩、こしょうで味をととのえる。器に盛って香菜を散らす。

もずくから出る旨みが
だしがわりになります。

つるりとしたのどごしで、さっぱり食べられる

もずく酢とオクラのスープ

●材料（2～3人分）
もずく… 100g
オクラ（あれば赤オクラ・小口切り）… 2本
酢… 大さじ2
みりん、しょうゆ… 各大さじ1
かたくり粉… 大さじ1
しょうが（すりおろし）… 1/4かけ
にんにく（すりおろし）… 1/2かけ

●作り方
1 もずくはさっと洗い、ざるに上げて水けを
きる。鍋に水400mℓを入れて火にかけ、沸
騰したら弱火にして酢、みりん、しょうゆ
を入れる。
2 かたくり粉を水大さじ1でといて水ときか
たくり粉をつくり、1の鍋に加えてとろみ
をつける。**もずく、しょうが、にんにくを
加えて1分煮る。**
3 器に盛り、オクラをのせる。

ルッコラのほのかな苦みがアクセントに

えび、トマト、ルッコラのスープ

●材料（2〜3人分）
むきえび… 100 g
トマト… 2個
ルッコラ… 1束
ベーコン（スライス）… 80 g
にんにく… 1/2かけ
豆乳（成分無調整）… 300㎖
塩… 小さじ1
オリーブオイル… 大さじ1

●作り方

1　むきえびは背わたがあればとる。トマトは
　大きめのひと口大に切る。ルッコラは4㎝
　長さに切り、茎と葉に分ける。ベーコンは
　1㎝幅に切る。にんにくは包丁の腹でつぶす。

2　鍋にオリーブオイルとにんにくを入れて弱
　火にかける。にんにくの香りが立ったら
　ベーコンとトマトを入れ、塩を振って炒め
　る。ベーコンに焼き色がついたらえびを加
　え、さっと炒める。

3　**全体に油が回ったら水200㎖を加えて中火
　にし、煮立ったら弱火にして5分煮る。**豆
　乳を加えてあたため、ルッコラの茎を加え
　て軽く煮る。豆乳が固まるので、沸騰させ
　ないように気をつける。器に盛り、ルッコ
　ラの葉をのせて余熱でしんなりさせる。

ベーコン、トマト、えびの旨みを少量の水で煮て引き出します。

あさりとベーコンでダブルの旨み

あさりとキャベツのチャウダー

●材料（2〜3人分）
あさり缶（水煮）… 1缶（85g）
キャベツ… 3〜4枚（約150g）
玉ねぎ… 1/4個
ベーコン（スライス）… 80g
牛乳… 300㎖
白ワイン… 50㎖
小麦粉… 大さじ1
オリーブオイル… 小さじ2
塩… 小さじ1
バター… 10g

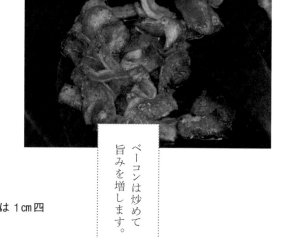

ベーコンは炒めて旨みを増します。

●作り方
1　キャベツは3〜4cm四方、玉ねぎは1cm四
　　方、ベーコンは1cm幅に切る。
2　**鍋に油を引かずにベーコンを入れて中火に
　　かけ、カリカリになるまで炒める**。鍋に出
　　たベーコンの脂にオリーブオイルを足し、
　　玉ねぎを加えてさっと炒める。白ワインを
　　加えて全体になじんだら小麦粉を振る。
　　粉っぽさがなくなるまで炒め、水200㎖を
　　少しずつ加えて混ぜる。
3　**あさりを缶汁ごと加え**、キャベツと牛乳も
　　加えて、キャベツがしんなりとするまで煮
　　る。塩、バターを加えて混ぜる。

あさりは旨みが詰まった缶汁ごと使います。

ゴロゴロとしたツナが食べごたえあり！

ツナとキャベツのミルクスープ

●材料（2〜3人分）
ツナ缶（油漬け・ソリッドタイプ）
　… 1缶（140g）
キャベツ… 小1/4個（約200g）
玉ねぎ（粗いみじん切り）… 1/4個
にんにく（薄切り）… 1/2かけ
牛乳… 300㎖
クリームチーズ… 30g
オリーブオイル… 小さじ2
米粉… 大さじ1
塩… 小さじ1

クリームチーズの旨みをとかし入れます。

●作り方
1　キャベツは3〜4cm四方に切る。
2　鍋にオリーブオイルとにんにくを入れて弱火にかけ、香りが立ったら玉ねぎを加えて色づくまで炒める。
3　1、米粉、塩を加えて全体がなじむまで焦げないように炒める。水200㎖を加え、煮立ったらツナの油を軽くきって塊のまま加える。
4　牛乳を加えてあたため、**クリームチーズをちぎりながら加える。**

みそ+ごまのホッとする味。ごはんにかけてもおいしい

クイック冷や汁

さば缶の
旨みを
そのまま
生かします。

●材料（2〜3人分）
絹ごし豆腐… 1/2丁
さば缶（水煮）… 1缶（190g）
きゅうり（小口切り）… 1本
ミニトマト… 3個
みょうが（縦半分に切って斜め薄切り）… 2個
青じそ（せん切り）… 2枚
練りごま… 大さじ1
練り梅… 小さじ1
みそ… 大さじ2

●作り方
1　豆腐は水きりをする。ボウルに水350mℓと
　　練りごま、練り梅、みそを入れてしっかり
　　混ぜとかす。豆腐をちぎりながら加えて全
　　体を混ぜる。
2　**さば缶は缶汁をきって身をほぐし、きゅう**
　　りとともに1のボウルに加える。
3　ミニトマトは縦半分に切る。器に2を注い
　　でミニトマトをのせ、みょうが、青じそを
　　散らす。

干しえびの風味豊かな中華風スープ

干しえびと
小松菜のスープ

●材料（2〜3人分）
干しえび（粗いみじん切り）
　… 大さじ1
小松菜… 1/2 束
とき卵… 2 個分
塩… 小さじ 1/2
ごま油… 小さじ 2

●作り方
1　**鍋に干しえびと水400㎖を入れ、
　　1時間ほどおく。**小松菜は根元を
　　切って3㎝長さに切り、洗ってざ
　　るに上げる。
2　1の鍋を火にかけ、煮立ったら弱
　　めの中火にして3分煮る。小松菜
　　と塩を加え、とき卵を回し入れる。
　　仕上げにごま油を加える。

干しえびのもどし汁を、
そのままスープに。

スープを含んだ大根おろしの静かなおいしさ

ほたてと大根おろしのスープ

●材料（2〜3人分）
ほたて貝柱（乾燥）… 6 個
大根… 5 ㎝
酒… 大さじ 2
塩、粗びき黒こしょう… 各少々

●作り方
1　大根は皮をむいて、おろす。ほたて貝柱は
　　さっと洗う。鍋に水200㎖を入れて火にか
　　け、**沸騰したらほたてを入れて火を止め、
　　30分おく。**
2　1の鍋に酒を加えて中火にかけ、ほたてが
　　やわらかくなるまで10分ほど煮る。水
　　300㎖を加え、煮立ったら大根おろしを加
　　え、塩で味をととのえる。
3　器に盛り、こしょうを振る。

ほたての旨みが
詰まったもどし汁を
そのままスープにします。

焼きおにぎりをくずしながら、お茶漬けのように食べたい

鮭と焼きおにぎりのスープ

●材料（2人分）
鮭ハラス… 2本
あたたかいごはん… お茶わん2杯分
A 「 いり白ごま… 適量
　　 粗びき黒こしょう… 少々
　　 しょうゆ… 小さじ2
昆布… 3cm四方
塩… 小さじ1/2
しょうゆ… 大さじ1

●作り方
1　鍋に水400mlと昆布を入れ、10分おく。
2　ボウルにごはん、Aを入れて混ぜ、おにぎりを2個つくる。魚焼きグリルにハラスと並べて入れ、こんがりと焼き色がつくまで焼く。
3　1の鍋を火にかけ、煮立ったら弱火にして塩、しょうゆを加える。
4　器に焼きおにぎり1個とハラス1本を盛り、3を注ぐ。

旨みたっぷりの
ハラスをほぐすたびに
スープの味わいが
増します。

たっぷり食べても、からだ軽やか

具だくさんの野菜スープ

●材料（2〜3人分）
セロリ… 1/2 本
セロリの葉… 適量
玉ねぎ… 1/4 個
にんじん… 1/2 本
大根… 2 cm
かぶ… 小 2 個
しょうが（みじん切り）… 1/2 かけ
塩… 小さじ 1
ローリエ… 1 枚
オリーブオイル… 大さじ 1
ハーブティーのティーバッグ
　（ジンジャーティー）＊… 1 個

＊ジンジャーティーを使いましたが、ジンジャー系ならなんでも OK。水だけでも充分おいしいですが、入れるとさらにおいしくなります。ハーブティーがないときは、湯 400㎖ を入れてください。

野菜を炒めて生まれる旨みを生かします。

●作り方
1　セロリは筋をとり、にんじん、大根、かぶとともにさいの目切りにする。玉ねぎは 1 cm四方に切る。湯 400㎖ にティーバッグを入れ、表示の分数おいてハーブティーをつくる。

2　**鍋にオリーブオイルを弱火で熱して玉ねぎ、にんじん、しょうがを入れ、玉ねぎがしんなりとするまで炒める。**セロリの葉以外の残りの野菜と塩を加えて全体をざっと炒め、水 200㎖、ローリエ、**セロリの葉を加えてふたをする。弱めの中火にして 2 分煮る。**

3　セロリの葉をとり出し、**1 のハーブティーを加えて混ぜる。**

ハーブティーを加えて味に奥行きを出します。

セロリの葉を煮て
風味づけをします。

火を通したレタスのおいしさを、存分に楽しんで

レタスと卵のスープ

コンビーフの旨みがだしがわりです。

●材料（2〜3人分）
レタス… 1/2 個
とき卵… 2 個分
コンビーフ… 1 缶（80 g）
しょうが（すりおろし）… 小さじ 1/2
酒… 大さじ 2
塩… 小さじ 1
粗びき黒こしょう… 少々

●作り方
1　レタスは食べやすい大きさにちぎってざっと洗い、軽く水けをきる。
2　鍋に水 500㎖ と酒を入れて火にかけ、沸騰したら弱めの中火にして**コンビーフをスプーンでくずしながら入れる**。レタスを加えてさっと煮、しょうがと塩を加える。
3　とき卵を少しずつ加え、軽く混ぜて火を止める。器に盛り、こしょうを振る。

とろとろ食感とかぼちゃのやさしい味。
おかゆのようなスープ

かぼちゃとオートミールのスープ

●材料（2〜3人分）
かぼちゃ… 1/6 個（約 230 g）
オートミール… 30 g
玉ねぎ（粗いみじん切り）… 1/2 個
カレー粉… 少々
塩… 小さじ 1
オリーブオイル… 大さじ 2

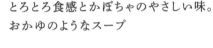

玉ねぎを炒めて生まれる旨みが、スープの味のベースになります。

●作り方
1　かぼちゃは種とわたを除いて皮をむき、2 cm角に切る。
2　鍋にオリーブオイルを弱めの中火で熱し、**玉ねぎを炒める**。しんなりとしてきたらかぼちゃを加え、全体に油が回ったらカレー粉を加えてさっと炒める。
3　水 200㎖ を加えてふたをし、中火にして 3 分煮る。
4　水 300㎖ とオートミール、塩を加えて弱火にし、ふたをしてさらに 5 分煮る。

こんにゃくとトマトが好相性の冷製スープ

こんにゃく入りガスパチョ

●材料（2〜3人分）
ピーマン… 1個
セロリ… 10cm
玉ねぎ（みじん切り）… 1/4個
トマト（粗いみじん切り）… 1個（約200g）
こんにゃく… 200g
トマトジュース（食塩無添加、冷やしておく）
　… 2缶（1缶190g）
にんにく（みじん切り）… 1/2かけ
A ┌ バルサミコ酢… 小さじ2
　├ 塩… 小さじ1/2
　└ パプリカパウダー… 適量
オリーブオイル… 小さじ2
トッピングの野菜（ミニトマト、ピーマン、ズッ
　キーニ、きゅうり、オクラなど好みのもの。
　ミニトマトは4等分に、ほかの野菜は粗いみ
　じん切りにする）… 適量

●作り方
1　ピーマンは半分に切ってへたと種をとり、
　　粗いみじん切りに、セロリは筋をとって粗
　　いみじん切りにする。こんにゃくはひと口
　　大に切る。
2　鍋にオリーブオイル、玉ねぎ、にんにく、こん
　　にゃくを入れて弱めの中火にかけ、玉ねぎ
　　が透き通るまで炒める。火を止めて粗熱をとる。
3　ボウルにピーマンとセロリ、2、トマト、
　　トマトジュース、Aを入れてよく混ぜる。
　　器に盛り、トッピングの野菜をのせる。

トマトジュースを使うことで味が決まりやすくなります。

甘じょっぱく、ごはんにかけてもおいしい

焼きいも入りごまみそ豚汁

●材料（2〜3人分）
焼きいも（市販品）… 50g
豚こまぎれ肉… 120g
れんこん… 80g
ごま油… 大さじ1
しょうゆ… 大さじ1/2
練り白ごま… 大さじ1
みそ… 大さじ2
いり白ごま… 適量

●作り方
1　れんこんは皮をむいて乱切りにし、水にさら
　　して水けをきる。焼きいもはひと口大に切る。
2　鍋にごま油を中火で熱し、**豚肉を炒める**。
　　肉の色が変わったられんこんを加え、2〜3
　　分炒めてしょうゆを回し入れる。
3　肉に焼き色がついたら水500mlを加え、5分
　　煮たら弱火にし、練りごま、みそをとき入
　　れる。**焼きいもを加えて少しなじませ**、器
　　に盛ってごまを散らす。

焼きいもを入れると
味が決まりやすくなります。

豚肉を炒めて
生まれた旨みが、
味のベースになります。

根菜のかす汁

●材料（2〜3人分）
鶏もも肉… 120g
大根… 3㎝
にんじん… 1/3本
しめじ… 1/2パック（約50g）
白菜… 2枚（約100g）
こんにゃく… 200g
ごま油… 小さじ2
しょうゆ… 小さじ2
酒… 大さじ2
酒かす… 大さじ1
みそ… 大さじ1と1/2

●作り方
1　大根は皮をむいて5㎜厚さのいちょう切り、に
　　んじんは皮をむいて小さめの乱切りにする。し
　　めじは石づきを除いて小房に分ける。白菜は食
　　べやすい大きさに切る。こんにゃくは手でちぎ
　　る。鶏肉はひと口大に切る。酒かすは酒でとく。
2　鍋にごま油を中火で熱し、**鶏肉をさっと炒めて**
　　しょうゆを加える。
3　鶏肉の色が白っぽく変わったら、大根、にんじ
　　んを加えてさっと炒める。こんにゃく、しめじ
　　を加えて全体に油が回るまで炒め、白菜、**1の**
　　酒でといた酒かすを加えてざっくり混ぜる。
4　水200㎖を加え、ふたをして5分煮る。水300
　　㎖を加えて、煮立ったら弱火にしてみそをとき
　　入れる。

鶏肉を炒めて
旨みを引き出します。

酒かすでさらに旨みと
風味を加えます。

生のベビーリーフをのせて、混ぜながら召し上がれ

ベビーリーフと落とし卵のみそ汁

●材料（2〜3人分）
ベビーリーフ
　（ミックスパック）… 適量
卵… 2個
昆布… 3cm四方
みそ… 大さじ2

昆布もいっしょに
煮出して、
味のベースにします。

●作り方
1　ベビーリーフは洗ってざるに上げ、水けをきる。**鍋に水500mlと昆布を入れて10分おく。**
2　1の鍋を火にかけ、沸騰したら弱火にしてみそをとき、卵を割り入れる。
3　卵が白く浮き上がってきたら器に注ぎ、仕上げにベビーリーフをのせる。

焼きいもの甘さを大根がやわらげる

大根と焼きいものみそ汁

●材料（2〜3人分）
大根… 4cm
焼きいも（市販品）… 1/5本
昆布… 3cm四方
みそ… 大さじ2

●作り方
1　大根は5mm厚さのいちょう切りに、焼きいもは皮つきのまま1.5cm厚さの半月切りにする。鍋に水500mℓと昆布を入れて10分おく。
2　1の鍋に大根を加えて火にかけ、煮立つ直前に弱火にして7〜8分煮る。大根が透き通ってきたらみそをとき入れ、**焼きいもを加える**。

市販品の焼きいもを活用すれば、かんたんに味が決まります。

Column 1

毎日のスープをアレンジする

スープが少し余ったり、いつものスープに変化がほしいと思ったら、
市販品を加えてアレンジをするのがおすすめです。
私がよく使うのは、加熱ずみの豆や雑穀、薄切りもちなど。
すぐに食べられて味や食感に変化が出るうえ、
「食べた」という満足感もしっかり感じられます。
いろいろなスープをアレンジしてみてください。

たとえば……

にんじんとセロリのスープ（p.6）

＋

＋

蒸し（ゆで）もち麦

蒸し大豆

器にスープを盛り、もち麦（市販品・加熱ずみ）を好きなだけ加えます。さっぱりとした味でスープの味をじゃましません。食物繊維が豊富なのもうれしい。

器にスープを盛り、大豆（市販品・加熱ずみ）を好きなだけ加えます。ほっくりとした食べごたえと豆の甘みが、特にクリアなスープによく合います。

即席塩豚と切り干し大根のスープ（p.10）

＋ ＋

薄切りもち 蒸し（ゆで）もち麦

スープが入った鍋を火にかけ、薄切りもち（市販品）を加えてさっと煮ます。ほどよくとけた薄切りもちが、スープの具にとろりとからんでおいしい。

器にスープを盛り、もち麦（市販品・加熱ずみ）を好きなだけ加えます。もちもちとした独特の食感と、ほのかな甘みがスープの味わいを引き立てます。

第 2 章

——

ごちそうスープ

のんびりできる週末につくりたい、
ごちそう感いっぱいのスープ。
毎日のスープよりは少しだけ手がかかったり、
珍しい食材を使ったりするものもありますが、
旨みを生かしてつくる点は同じです。
世界各地を旅する気分で楽しめるような
ラインナップを考えました。

手羽元でつくるから手軽。
乾燥しょうがを入れるのが私のお気に入り

サム ゲ タン
参鶏湯

●材料（2〜3人分）
鶏手羽元… 6本
ねぎ… 1/2本
にんにく… 1かけ
しょうが（薄切り）… 1/4かけ
もち米… 大さじ2
酒… 大さじ4
クコの実… 大さじ2
赤なつめ… 2個
塩… 適量
ごま油… 小さじ2
乾燥しょうが（あれば）*… 2〜3枚

* しょうがの薄切りを乾燥させたもの。入れると、よりおいしくなります。

●作り方
1　ねぎは2cm厚さの斜め切りにし、にんにくは包丁の腹でつぶす。手羽元は骨に沿って切り込みを入れ、塩2つまみをもみ込む。
2　鍋に水1000mlと**1、しょうが（あれば乾燥しょうがも）を入れて火にかける**。煮立ったらアクをとり、弱火にする。
3　もち米、酒、クコの実、赤なつめを加えて40分煮る。塩小さじ1、ごま油を加えて混ぜる。

手羽元から出る旨みが、スープの味のベースになります。

ビーツの甘みをしょうゆで抑えてさっぱりと。
サワークリームをのせると、さらに軽やか

ボルシチ

●材料（2〜3人分）
牛もも肉（ステーキ用）… 220ｇ
玉ねぎ… 1/2 個
にんじん… 小 1/2 本
ビーツ… 100ｇ *
キャベツ… 1/8 個
にんにく（薄切り）… 1/2 かけ
サワークリーム… 大さじ 2
プレーンヨーグルト… 大さじ 2
塩… 小さじ 1
こしょう… 少々
しょうゆ… 大さじ 1
白ワイン… 大さじ 1
トマトジュース（食塩無添加）… 1 缶（190ｇ）
オリーブオイル… 大さじ 1

* 生がないときは水煮缶でも。

牛肉を炒めることで
生まれる旨みを
生かします。

●作り方

1　玉ねぎは横に 2㎝厚さに切り、にんじんは
皮をむいて半月切り、ビーツは皮をむいて
いちょう切りにする。キャベツは 3㎝四方
に切る。牛肉はひと口大に切り、塩、こしょ
うをまんべんなくまぶす。サワークリーム
にヨーグルトを加えて混ぜる。

2　鍋にオリーブオイルを弱火で熱し、にんに
くを炒める。香りが立ったら玉ねぎを加え
てさっと炒める。水 100㎖を加えてふたを
し、弱めの中火で 5 分ほど蒸し煮にする。

3　玉ねぎがしんなりとしたら、にんじん、ビー
ツを加えて炒め、全体に油が回ったら、しょ
うゆを加えてざっと混ぜる。**牛肉を加えて
さっと炒め**、白ワインを加えてアルコール
分をとばす。

4　キャベツ、水 200㎖、**トマトジュースを加え**、
軽く混ぜて全体をなじませる。ふたをして
中火で 8 〜 10 分煮る。

5　器に盛り、サワークリームを好みの量のせ
る。

トマトジュースを
加えることで、味が
決まりやすくなります。

本格派に近い味の秘密は、なんとしょうゆとみそ！

オニオングラタンスープ

●材料（2〜3人分）
玉ねぎ… 1個
バゲット… 適量
しょうゆ… 小さじ2
みそ… 大さじ1
ピザ用チーズ… 適量
バター… 20g
ドライパセリ… 適量

●作り方
1 玉ねぎは縦半分に切ってから横に1cm厚さに切り、バゲットは1cm厚さに切る。
2 鍋にバターを弱めの中火でとかして**玉ねぎを入れ、中火で炒める。玉ねぎがしんなりとしたらしょうゆを加え、焦がさないように炒めて焼き色をつける。**水400mlを加え、煮立ったら、みそをとき入れる。
3 バゲットにチーズをのせてオーブントースターに入れ、バゲットの表面に軽く焼き色がつくまで焼く。器に2を盛り、バゲットをのせてドライパセリを振る。

玉ねぎを炒めて生まれる旨みが、味のベース。じっくり炒めなくてもしょうゆを加えることで、甘みや香ばしさが出ます。

肉だんごに混ぜたミントと
レモン汁が爽やかに香る

サルシッチャ風
肉だんごのスープ

●材料（2〜3人分）
〈肉だんごの材料〉
　豚ひき肉… 100g
　ミントの葉（粗いみじん切り）… 4枚
　レモン汁、白ワイン… 各小さじ1
　冷やごはん… 小さじ1
　塩… 1つまみ
パプリカ… 1個
　（ここでは黄とオレンジ各1/2個）
塩… 小さじ1
マカロニ（ゆで時間3分のもの）
　… 1つかみ

サルシッチャは
イタリアの腸詰めで、
ハーブが多用されます。
ここでは、肉だんごに
ハーブを加えて
サルシッチャ風に。

肉だんごをゆでて、
スープの味のベースにします。

●作り方
1　ボウルに肉だんごの材料を入れ、粘りが出
　　るまでよく混ぜ、まとめる。パプリカは乱
　　切りにする。
2　鍋に水500mlと塩を入れて火にかけ、沸騰
　　したら中火にし、**肉だねを食べやすい大き**
　　さにちぎって加える。
3　肉だんごが浮いてきたらアクをとり、パプ
　　リカとマカロニを加えて3分煮る。

穏やかな酸味でさらりと飲める、南インドのスープ

ラッサム

●材料（2〜3人分）
レンズ豆（乾燥）… 30g
さやいんげん… 6本
梅干し（塩分5〜10%くらいのもの。
　はちみつ梅がおすすめ）… 2個
トマトジュース（食塩無添加）… 2缶（1缶190g）
しょうが（すりおろし）… 小さじ1/2
にんにく（すりおろし）… 小さじ1/2
みそ… 大さじ1と1/2

●作り方
1　梅干しは種を除いてたたく。いんげんはへ
　たと筋をとって塩ゆでにしてから3〜4cm長
　さに切る。
2　鍋にレンズ豆と水200mlを入れ、弱めの中
　火で3〜4分煮る。豆がやわらかくなったら、
　1、**トマトジュース**、しょうが、にんにく
　を加えて混ぜ、**みそをとき入れる**。

トマトジュースを
スープの味のベースに。
そのままだと
酸味が強いので、
みそを加えて
やわらげます。

オクラのとろみがやさしい、
アメリカ南部のスープ。
好みでホットソースを振っても

ガンボ

●材料（2〜3人分）
オクラ… 4本
サラミ（棒状のもの）… 50g
玉ねぎ（みじん切り）… 1/4個
セロリ… 1/2本
むきえび… 80g
トマト缶… 1缶（400g）
にんにく（みじん切り）… 1かけ
カイエンペッパー… 少々
はちみつ… 大さじ1
塩… 小さじ1/2
みそ… 大さじ1
オリーブオイル… 大さじ1

●作り方
1 オクラは塩2つまみ（分量外）を振って板
   ずりし、へたを除いて小口切りにする。セロ
   リは筋をとってみじん切りにする。サラミは1
   cm厚さに切る。むきえびは背わたがあれば
   とる。
2 鍋にオリーブオイルとにんにくを入れて弱
   火にかけ、香りが立ったら玉ねぎ、セロリ、
   カイエンペッパーを加えてさっと炒める。
3 トマト缶、水200ml、はちみつ、塩を加え、
   **トマトをつぶしながら弱めの中火で10分
   煮る**。オクラ、**サラミ**、えびを加え、適量
   のスープでみそをといて加える。

トマトとサラミが
スープに
旨みを加えます。

香菜の香りが食欲を誘う、
タイの肉だんごスープ

ゲーンチューンゴ

●材料（2〜3人分）
〈肉だんごの材料〉
  豚ひき肉… 200ｇ
  ねぎ（みじん切り）… 1/2 本
  香菜の茎（みじん切り）… 4 本
  しょうが（すりおろし）… 小さじ 1/4
  かたくり粉… 大さじ 1
  塩… 小さじ 1/2
紫玉ねぎ… 1/2 個
さくらえび… 1 つまみ
酒… 大さじ 2
ナンプラー、レモン汁… 各大さじ 1
はるさめ… 20ｇ
香菜の葉… 適量

●作り方
1   はるさめは水に 15 分ひたしてやわらかく
    し、水けをきって食べやすい長さに切る。
    ボウルに肉だんごの材料を入れ、粘りが出
    るまでよく混ぜ、まとめる。紫玉ねぎは薄
    切りにする。
2   鍋に**さくらえび**、酒、ナンプラー、レモン汁、
    水 500㎖を入れて火にかけ、煮立ったら弱
    火にして紫玉ねぎを入れる。
3   **肉だねをスプーンですくって加え**、アクを
    とりながら 5 分煮る。はるさめをほぐしな
    がら加えて、さっと煮る。器に盛り、香菜
    の葉を好みの量のせる（ばさっとのせるの
    がおすすめ）。

さくらえびと
肉だんごから
出た旨みが、
おいしいスープの
もとになります。

野菜がゴロゴロ入った、おおらかなひと皿。
ボリュームにも大満足

リボリータ

パンを煮てつくる、おかゆのようなイタリアのスープ。

●材料（2〜3人分）
にんじん… 1/2 本
じゃがいも… 1 個
玉ねぎ… 1/2 個
セロリ… 1/2 本
ブロッコリー… 1/2 個
トマト… 1 個
バゲット… 30 g
蒸し大豆（市販品）… 100 g
にんにく… 1 かけ
ローリエ… 1 枚
オリーブオイル… 大さじ 3
塩… 小さじ 1/2 〜 1
　（好みで調整）

野菜を炒めて生まれる旨みを生かします。

●作り方
1　にんじん、じゃがいもは皮をむかずにひと口大に切る。玉ねぎは 2cm 角に、セロリは筋をとって 1cm 角に切る。ブロッコリーは小房に分ける。トマトは大きめのひと口大に切る。バゲットはひと口大に手でちぎる。にんにくは包丁の腹などでつぶす。

2　鍋にオリーブオイルを弱火で熱し、にんにくを入れる。香りが立ったら**にんじん、玉ねぎ、セロリを加えて炒める。**

3　玉ねぎがしんなりとしてきたら、水 600㎖、ローリエ、じゃがいもを加えて 3 分煮る。ブロッコリー、トマト、蒸し大豆、バゲットを加えてさらに 3 分煮る。味をみて塩でととのえる。

わが家の定番鍋

汁ごと食べられるタイプの鍋ものは、
スープの一種と思っています。
わが家でふだんから食べている、お気に入りの3品を紹介します。

大根おろしとレモンで、豚バラ肉の脂っぽさを抑えてさっぱりと。
レモンのかわりにゆずやすだち、かぼすなどでもおいしいです。
ある程度食べすすんだら、薄切りもちを加えてあたため直すのがお気に入り。

豚肉と大根おろしのレモン鍋

● 材料 (2〜3人分)
豚バラ薄切り肉 (しゃぶしゃぶ用) … 250g
大根 … ½本
昆布 … 3cm四方
A ┌ 酢、しょうゆ … 各大さじ1
　 │ レモン汁 … 大さじ1弱
　 └ みりん … 小さじ1
塩 … 2つまみ
酒 … 大さじ1と½
レモン … ½個

● 作り方
1 豚肉は5cm幅に切り、塩をまぶして軽くもみ、酒を振る。大根はすりおろす。レモンは薄い輪切りにする。Aは混ぜる。

2 鍋に水300mℓと昆布を入れて火にかける。沸騰したら中火にして、豚肉をほぐしながら加える。ときどきアクをとりながら煮る。肉の色が変わったら端に寄せ、あいたところに大根おろしを汁ごと加える。豚肉にAをかけて軽く混ぜ、中火で3分煮る。レモンをのせて、

3 大根おろしを汁ごと加える。豚肉にAをかけて軽く混ぜ、中火で3分煮る。レモンをのせて、汁となじみませる。

きのこの旨みがたっぷりの、ホッとする味わいです。
肉だんごのなかにしいたけ、汁にえのきを入れましたが、
家にあるほかのきのこでもかまいません。

鶏だんご、きのこ、白菜の鍋

● 材料（2～3人分）

〈鶏だんごの材料〉

鶏ひき肉… 250g

玉ねぎ（みじん切り）… ¼個

しいたけ（石づきを除いてみじん切り）
　… 大さじ2

卵… 1個

冷やごはん… 大さじ2

みそ… 大さじ1

えのきだけ… ½袋

白菜… 2枚（約100g）

酒… 大さじ2

塩… 小さじ1

● 作り方

1　えのきは根元を切り、白菜はひと口大に切る。ボウルに鶏だんごの材料を入れ、粘りが出るまでよく混ぜ、まとめる。

2　鍋に水600㎖、酒、塩を入れて火にかける。沸騰したら中火にして、肉だねをスプーンで入れる。浮いてきたらすくってざるに上げ、汁けをきる。

3　2の鍋にえのきと白菜を加え、3～5分煮る。鶏だんごを戻してさっと煮る。

納豆は洗ってから汁に入れるのでクドくならず、
火を通すことで粘りけも抑えられて、コクと旨みが残ります。
さらにトマトで旨みを重ねます。

にら納豆豆腐チゲ

● 材料（2〜3人分）
にら… ½束
納豆… 1パック
絹ごし豆腐… ½丁
しめじ… ½パック（約50g）
トマト… 1個
白菜キムチ… 200g
酒… 50㎖
しょうゆ… 大さじ1
塩… 小さじ⅓
卵黄… 1個分

● 作り方
1 にらは4等分の長さに手でちぎる。
しめじは石づきを除いて小房に分け
る。トマトは大きめのひと口大に
切る。納豆はざるに入れて流水で
さっと洗い、水けをきる。キムチ、
豆腐は切らずに使う。

2 鍋に水200㎖と酒を入れて火にか
ける。沸騰したら中火にしてしめ
じとトマトを入れ、2分煮てキム
チ、納豆、しょうゆを加えて軽く
混ぜる。にら、豆腐を加えてさっ
と煮、塩を加えて混ぜる。豆腐に汁
をかけ、卵黄をのせる。

第 3 章

―

かんたんポタージュ

とろりとやさしい口あたりのポタージュ。
食材をマッシャーなどでつぶして水分を加える方法なら、
ミキサーを持っていなくても気軽につくれます。
スープのなかに詰まった濃厚な旨みは
ポタージュならではのおいしさ。
おろし器で手軽につくれる
すりおろしスープもおすすめです。

じゃがいもと玉ねぎが主役の
シンプルなスープ

じゃがいものポタージュ

●材料（2〜3人分）
じゃがいも… 2個
玉ねぎ（粗いみじん切り）… 1/2個
オリーブオイル… 大さじ1
牛乳… 400㎖
塩… 小さじ1弱
粗びき黒こしょう… 少々

玉ねぎを炒めて
旨みを引き出します。

●作り方
1　じゃがいもはよく洗い、たっぷりの水とともに鍋に入れて中火にかける。
2　別の鍋にオリーブオイルを弱めの中火で熱し、**玉ねぎを入れてしんなりとするまで炒めて火を止める。**
3　じゃがいもが竹ぐしがスッと通るほどやわらかくなったら、ざるに上げて湯をきり、熱いうちに皮をむく。ボウルに入れてマッシャーかフォークの背でつぶす。
4　2に加えて混ぜ、さらにこまかくつぶす。牛乳を加え、弱火にかけてあたため、塩を加えて混ぜる。器に盛り、こしょう（あればペッパーミックスでも）を振る。

じゃがいもは
ミキサーを使わず、
マッシャーか
フォークの背でつぶします。

大豆はつぶして大根おろしになじませて

蒸し大豆のポタージュ

●材料（2～3人分）
蒸し大豆（市販品）… 50g
大根… 3cm
米油… 大さじ1
豆乳（成分無調整）… 200㎖
塩… 小さじ1弱

●作り方
1　大根はすりおろす。
2　**鍋に1、蒸し大豆、米油を入れ、水200㎖を加えて中火で5分煮る。**フォークの背で大豆をつぶして豆乳を加え、あたためて塩を加える。

蒸し大豆の旨みを味のベースに生かします。

安納いもなど甘みの強い品種がおすすめ。
山椒をぴりりときかせて

さつまいものポタージュ

●材料（2～3人分）
さつまいも… 350g
玉ねぎ（粗いみじん切り）… 1/2個
バター… 10g
牛乳… 200㎖
塩… 小さじ1
粉山椒… 適量

玉ねぎとさつまいもを炒めて、味のベースにします。

●作り方
1　さつまいもは皮をむいて1cm厚さの半月切りにし、水に10分さらして水けをきる。
2　鍋にバターを弱めの中火でとかし、玉ねぎを入れて炒める。**玉ねぎがしんなりとしたら、1を加えて2分炒める。**
3　水300㎖と塩を加え、中火で10分煮る。アクが出てきたらとる。さつまいもがやわらかくなったら、火を止めてマッシャーかフォークの背でつぶす。牛乳を加えて弱火にかけ、あたためる。
4　器に盛り、山椒を振る。

かぶと鶏肉の、控えめでホッとする味わい

かぶのすり流し風

鶏もも肉を
炒めてから煮て、
だしがわりに。
昆布もいっしょに煮ます。

●材料（2～3人分）
かぶ（葉つき）… 2個
鶏もも肉… 100g
昆布… 3cm四方
ごま油… 小さじ2
塩… 適量
しょうゆ… 少々

●作り方
1 鶏肉はひと口大に切り、塩1つまみを振る。かぶは葉を切り離し、皮をむいてすりおろす。葉は適量をせん切りにする。
2 鍋にごま油を中火で熱し、**鶏肉を入れてさっと炒める。水400㎖、昆布、塩小さじ1/2を加えてひと煮立ちさせ**、弱火にしてすりおろしたかぶを加え、3～4分煮る。
3 火を止めてかぶの葉、しょうゆを加え、ざっと混ぜる。

体調がいまひとつのときの救世主。冷めてもおいしい

すりおろしりんごのポタージュ

●材料（2〜3人分）
りんご… 1個
しょうが（すりおろし）… 1かけ
ハーブティーのティーバッグ
　（ジンジャーレモンティー）*… 1個
はちみつ… 小さじ2
シナモンパウダー… 適量

* ジンジャー系のほか、シナモンティーもりんごと相性がよくおすすめ。入れるとさらにおいしくなります。ハーブティーがないときは、湯200mℓを入れてください。

●作り方
1　りんごは皮つきのままよく洗って、すりおろす。
2　湯200mℓにティーバッグを入れ、表示の分数おいてハーブティーをつくる。はちみつを加える。
3　**鍋に1と2、しょうがを入れ、中火にかけてあたため、シナモンパウダーを好みの量加える。**

ハーブティーを加えて味に奥行きを出します。

おいしいスープを
つくる食材

食材がもつ、あるいは調理の過程で生まれる
「旨み」を生かしてつくるスープだからこそ、大切にしたいのは食材選びです。
自分にとっての「おいしい」を、ぜひ探してみてください。

野菜のこと

料理をするうちに「野菜をもっと身近に感じられる暮らしがしたい」と思うようになり、数年前、畑が多い土地に引っ越してきました。それまでは一年じゅうあたりまえのように買っていた大根やにんじんが、本来は季節によっては手に入りにくいものだということを知り、はじめは驚いたものです。

同じレシピでも、野菜をきちんと選べばさらにおいしく仕上がり、料理の腕が上がったように感じられます。「選ぶ」といっても、特別なものを選ぶということではありません。

まずは、旬の野菜。出盛りの野菜は味が濃くて香りもよく、そのまま食べても充分おいしい。にんじんなども生でも驚くほどみずみずしいのです。新しい品種の野菜も、見かけたら積極的に使います。たとえば、香りのいいにんじんや甘みが強いトマトなど、それを使うだけでいつもの料理に変化が出て楽しくなります。

季節はずれのものや、遠くの産地のものを無理に手に入れようとはしません。目の前にある身近なものが自分を満たしてくれることを、私は野菜から教わった気がしています。自分のまわりで手に入る野菜を無理なく選んでスープをつくり、おいしく食べて、楽しんでいただけたらうれしいです。

調味料のこと

料理の要となるのは、調味料の使い方です。料理を始め
た頃は、高くても質のよいものを選ぶことが多かったの
ですが、年を重ねて料理の経験値が上がるにつれ、調味
料も鮮度が大切で、使いきれる量をこまめに買うことが
大事だと感じるようになりました。なるべく同じものを
使い続けることで調味料の特性をつかんで、自分にちょ
うどいい塩梅を見極めていただけたらと思います。

塩

なめてみて、からだになじむと感じたものを使っ
ています。長崎県の平戸でつくられた「海の子」
（塩炊き屋）や、鹿児島県の「坊津の華」（坊
津の華）のほか、量を多く使うときは入手しや
すい「赤穂の天塩」（天塩）をよく使っています。

しょうゆ

調味料のなかでも特に鮮度が大事だと思うの
で、どこでも手に入れやすいものを選んで、早
めに使いきるように心がけています。味のベー
スとしては、島根県の「井上古式じょうゆ」（井
上醤油店）をメインに使うことが多いです。

みそ

調味料のなかでも、味にいちばん開きがあるよ
うに感じているので、大豆を米麹で発酵させ
たものをメインに使っています。新潟県でつく
られている「無添加　丸しぼり（赤みそ）」（越
後一）というみそを愛用しています。

味わいをプラスするもの

両親が和食の居酒屋を営んでいて「だし」が身近にありすぎたからか、家庭では、だしを使わない料理を好んで食べています。はじめは、ただだしを使わずに料理をしていたのですが、あとほんの少しだけ味に奥行きがあるといいなと思って、乾物をもどしたあとの汁や、缶詰の汁、ふだん飲んでいるハーブティーなどを料理に活用するようになりました。

乾物のもどし汁

切り干し大根や干ししいたけなどはそれ自体もおいしいですが、もどし汁にも旨みが多く含まれ、スープに使うと味を底上げしてくれます。手に入れやすいスーパーのプライベートブランドを使うことが多いです。

缶詰の汁

中身だけでなく、あさりなどは汁を使うこともある缶詰。調味料と同様に、味の特性をつかんだうえで使いたいので、同じメーカーのものを使い続けることが多いです。新しい商品も魅力的ですが、よく手にとるのは、やはり昔ながらのメーカーのもの。

ハーブティー

秋冬はジンジャーがベースのもの、夏はレモングラスやミントなどを選ぶことが多いです。スープに使うときは、全体の半量ぐらいにとどめることで味のバランスがとれます。酸味や甘みがなく、香りに奥行きがあるものがおすすめ。

角田真秀（すみだ まほ）

料理研究家。美術系短大を卒業後、家業の飲食店の手伝いを経て、2015年に独立。夫・角田和彦とともに料理ユニット「すみや」を始める。ケータリングや料理教室、企業のレシピ監修や雑誌へのレシピ提供、書籍出版、NHK「あさイチ」「ひるまえほっと」などのテレビ出演ほか多方面で活躍中。地元の農作物や生産者を応援する活動にも力を入れている。著書に『塩の料理帖 味つけや保存、体に優しい使い方がわかる』（誠文堂新光社）、『うまくいく台所 成功レシピと料理のコツ』（文化出版局）、『料理が身につくお弁当 定番おかずを手際よくおいしく作るコツ』（PHP研究所）ほか多数。
https://www.sumiyalife.com

デザイン　米持洋介（case）
撮影　松村隆史
スタイリング　中里真理子
調理助手　角田和彦
撮影協力　宮下智吉（漆作家）
編集・文　本城さつき
DTP　伊大知桂子
編集担当　東明高史（主婦の友社）

協力
株式会社おもちゃ箱
https://www.omochabako.co.jp/

株式会社マルヤナギ小倉屋
https://www.maruyanagi.co.jp/

しみこむスープ

2023年11月30日　第1刷発行

著　者　角田真秀（すみだ まほ）
発行者　平野健一
発行所　株式会社主婦の友社
　　　　〒141-0021　東京都品川区上大崎3-1-1目黒セントラルスクエア
　　　　電話（内容・不良品等のお問い合わせ）03-5280-7537　（販売）049-259-1236
印刷所　大日本印刷株式会社

・本のご注文は、お近くの書店か主婦の友社コールセンター（電話0120-916-892）まで。
＊お問い合わせ受付時間　月〜金（祝日を除く）10:00〜16:00
＊個人のお客さまからのよくある質問のご案内　https://shufunotomo.co.jp/faq

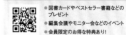